ÉLODIE GERVET · **Flowrette** · Photographe Alexandra Iorga

L'atelier fleurs séchées

+ DE 20 COMPOSITIONS VÉGÉTALES ET DURABLES

MARABOUT D'FICELLE

Avant-propos

J'ai commencé ma carrière professionnelle dans le numérique, derrière un écran, et **j'ai rapidement pris conscience de l'importance de vivre de sa passion.** J'ai aussi compris que le temps filait à toute vitesse et qu'il ne fallait pas le laisser emporter les rêves nichés dans un coin de notre tête.

Mon rêve à moi ? Créer et partager mes créations. Mais créer de manière raisonnée et durable ! Depuis toute petite je suis attirée par les fleurs et les travaux manuels. C'est pourquoi je me suis tournée vers les fleurs séchées.

Créer la marque Flowrette, c'était réunir ces trois valeurs fondamentales : le partage de savoir-faire, le respect de la nature et de la créativité de chacun. En alliant les fleurs séchées à de superbes projets DIY, **ce livre prend tout son sens car il allie mes deux passions.** À travers ces projets, j'ai à cœur de partager mes connaissances et mon savoir-faire et surtout de donner envie de créer. Pour reprendre les mots d'Einstein, **la créativité n'est-elle pas l'intelligence qui s'amuse ?**

Je vous confie mes astuces et conseils pour créer des projets accessibles à tous qui permettent de découvrir près d'une trentaine de variétés de fleurs séchées avec lesquelles je prends plaisir à travailler.

J'espère que vous aimerez composer avec cette matière douce, poétique et délicate qu'est la fleur séchée.

Élodie Gervet
Fondatrice de Flowrette

Sommaire

Et aussi...

L'essentiel des fournitures

Le matériel

Grand bol
Moule en silicone
Dremel
Sécateur
DIYMATE
Anneaux de montage
Ciseaux en fer
Cure-dents
Cutter
Gants de protection
Balance
Tapis en silicone
Pistolet à colle

Avoine
Pavot
Lin
Mini grass
blanche
Hortensia
blanc

Compositions champêtres

CLOCHE RUSTIQUE

FOURNITURES

Une cloche en verre
et son support en bois

Un bloc de mousse florale

De la colle chaude

MATÉRIEL

Un sécateur

Un pistolet à colle

FLEURS CONSEILLÉES

Avoine

Blé

Mini grass

Gypsophile

Hortensia

Lagure

Lin

Pavot

Phalaris

1/ Préparez un plan de travail spacieux et propre pour déposer les fleurs séchées.

2/ Avec le sécateur, préparez les végétaux en nettoyant les tiges de chaque fleur et en ajustant leur hauteur. Attention les fleurs séchées sont très fragiles. Elles doivent être manipulées avec soin et précaution.

3/ Collez le bloc de mousse à l'aide de la colle chaude au centre du socle en bois. Maintenez la pression quelques secondes pour que la colle prenne bien.

4/ Disposez les fleurs et les feuillages un à un selon vos envies en les piquant dans la mousse.

5/ Recouvrez la base du bloc de mousse de fleurs à l'aide de la colle chaude.

6/ Votre cloche rustique est prête, il ne vous reste plus qu'à la recouvrir avec la cloche en verre. Pour la conserver ce longues années, veillez à placer la cloche à l'abri de l'humidité et des rayons du soleil.

COURONNE BUCOLIQUE

FOURNITURES

Un cercle en bois

De la colle chaude

MATÉRIEL

Du floratape (ruban de fleuriste)

Un sécateur

Un pistolet à colle

FLEURS CONSEILLÉES

Immortelles

Avoine

Blé

Mini grass

Gypsophile

Hortensia

Lagure

Lin

Pavot

Phalaris

1/ Préparez un plan de travail spacieux et propre pour déposer les fleurs séchées.

2/ En travaillant avec la pince pouce-index de votre main, assemblez les fleurs une à une pour former des petits bouquets.

3/ Enveloppez leurs tiges à l'aide du ruban de fleuriste. Avec le sécateur, coupez toutes les tiges à la même longueur (3 cm environ).

4/ Fixez le premier petit bouquet sur le cercle à l'aide du ruban de fleuriste. Enroulez le ruban autour des tiges et du cercle en commençant sous la tête des fleurs et jusqu'à ce que l'extrémité des tiges soit dépassée de 2 cm.

5/ Insérez un deuxième petit bouquet en le plaçant juste en dessous du premier. Répétez le geste avec les autres bouquets jusqu'à la moitié du cercle.

6/ Placez le dernier bouquet dans le sens inverse des précédents et répétez l'opération avec le ruban de fleuriste.

7/ Pour la touche finale, collez des fleurs d'hortensia à l'aide du pistolet à colle. Placez-en une entre le dernier et l'avant-dernier bouquet pour combler le trou et masquer le ruban de fleuriste.

GUIRLANDE LUMINEUSE

FOURNITURES

Une corde de 1,50 m

Plusieurs morceaux de cordelette fine

MATÉRIEL

Un sécateur

FLEURS CONSEILLÉES

Avoine

Blé

Mini grass

Gypsophile

Hortensia

Lagure

Lin

Pavot

Phalaris

1/ Préparez un plan de travail spacieux et propre pour composer votre guirlande fleurie.

2/ Avec le sécateur, préparez les végétaux en nettoyant les tiges de chaque fleur avec délicatesse et en ajustant leur hauteur.

3/ Dans le creux de la main, déposez une première tige. Ajoutez les fleurs une à une en ouvrant et en refermant la main pour que le bouquet soit bien maintenu tout au long de sa confection. Variez vos choix de fleurs, avec des éléments élancés comme les phalaris, ou plus aériens comme les gypsophiles.

4/ Une fois que l'assemblage vous plaît, attachez-le au niveau du maintien au creux de votre main avec du raphia armé et mettez-le de côté.

5/ Amusez-vous à répéter cette étape en alternant les variétés de fleurs séchées et leur placement pour créer plusieurs combinaisons de petits bouquets. Au total, il vous faudra sept bouquets.

6/ Une fois les bouquets réalisés, posez la corde sur toute l'étendue du plan de travail. Répartissez les bouquets le long de la corde en alternant les combinaisons de mini-bouquets, pour visualiser le rendu final. Fixez-les ensuite sur la corde à l'aide de petits morceaux de raphia.

7/ Aux deux extrémités, formez de petites boucles pour parachever la guirlande. Elle peut maintenant être accrochée dans votre intérieur dans un endroit sec et à l'abri du soleil direct.

FIOLES DES CHAMPS

FOURNITURES

Un ensemble de trois fioles en verre, surmontées d'un bouchon en liège

Du raphia armé

MATÉRIEL

Un sécateur

FLEURS CONSEILLÉES

Avoine

Blé

Mini grass

Gypsophile

Hortensia

Lagure

Lin

Pavot

Phalaris

1/ Préparez un plan de travail spacieux et propre pour déposer les fleurs séchées.

2/ Avec le sécateur, préparez les végétaux en nettoyant les tiges avec délicatesse et en les taillant selon la grandeur de vos fioles.

3/ En travaillant avec la pince pouce-index de votre main, assemblez les fleurs une à une pour former un bottillon. Pour garder le côté champêtre tout en ayant cet aspect miniature, optez pour des petits éléments comme les mini grass ou les brins d'avoine. De temps en temps, placez le mini-bouquet à côté d'une fiole pour vérifier que les dimensions correspondent bien.

4/ Une fois que la forme vous convient, nouez les tiges avec le raphia armé à l'endroit maintenu par les doigts.

5/ Taillez les tiges très court pour avoir un maximum d'éléments floraux dans votre fiole.

6/ Répétez l'opération deux autres fois, en modifiant les variétés de fleurs séchées et leur positionnement dans le petit bouquet, pour former votre trio de fioles dans un esprit champêtre.

MARQUE-PLACE POÉTIQUE

FOURNITURES

Une cordelette fine

Une petite étiquette kraft percée d'un trou

MATÉRIEL

Un sécateur

FLEURS CONSEILLÉES

Avoine

Blé

Mini grass

Gypsophile

Hortensia

Lagure

Lin

Pavot

Phalaris

1/ Préparez un plan de travail spacieux et propre pour déposer les fleurs séchées.

2/ Avec le sécateur, préparez les végétaux en nettoyant les tiges de chaque fleur avec délicatesse et en ajustant leur hauteur.

3/ Dans le creux de la main, déposez une première tige, puis refermez la main. Ajoutez les fleurs une à une en ouvrant et en refermant la main pour que le bouquet soit bien maintenu tout au long de sa confection. Alternez les végétaux selon vos envies, avec des éléments élancés et légers comme l'avoine ou le lagure qui viendront donner un aspect champêtre à votre composition.

4/ Une fois que la taille de votre mini-bouquet vous convient, liez les tiges entre elles à l'aide de la cordelette à l'endroit maintenu par vos doigts.

5/ Coupez les tiges à la longueur désirée.

6/ Passez la fine cordelette dans le trou de l'étiquette kraft, puis attachez-la au niveau du lien du bouquet. Il ne manque plus que le nom de vos convives et votre marque-place est prêt à décorer les assiettes de votre table champêtre !

CONSEIL : pour un droitier, on prend généralement les fleurs avec la main droite pour venir les placer dans le creux de la main gauche afin de former le bouquet, mais libre à vous c'inverser selon votre confort !

Louise

Eucalyptus
Ruscus blanc
Gypsophile rose
Botao
bordeaux

Compositions multicolores

CLOCHE PUNCHY

FOURNITURES

Une cloche en verre
et son support en bois

Un bloc de mousse florale

De la colle chaude

MATÉRIEL

Un sécateur

Un pistolet à colle

FLEURS CONSEILLÉES

Avoine

Botao

Eucalyptus

Gypsophile

Hortensia

Immortelles

Lavande

Lona

Ruscus

Statice

1/ Préparez un plan de travail spacieux et propre pour déposer les fleurs séchées.

2/ Avec le sécateur, préparez les végétaux en nettoyant les tiges avec délicatesse pour vous débarrasser des feuilles et ajuster leur hauteur.

3/ Collez le bloc de mousse à l'aide de la colle chaude au centre du socle en bois. Maintenez la pression quelques secondes pour que la colle prenne bien.

4/ Disposez les fleurs et feuillages alternativement selon vos envies en les piquant dans la mousse. Avoine, gypsophile et eucalyptus : osez mixer les couleurs entre elles.

5/ Une fois que vous avez terminé de travailler la cloche dans la hauteur, recouvrez la base du bloc de mousse à l'aide de la colle chaude en prenant toute la base des tiges pour bien maintenir le tout.

6/ Camouflez le bloc de mousse avec de grosses fleurs comme l'hortensia que vous viendrez coller dessus.

7/ Votre cloche fleurie est prête, il ne vous reste plus qu'à la recouvrir avec la cloche en verre et à la placer dans la niche d'une bibliothèque ou sur le rebord d'un buffet. Pour la conserver de longues années, veillez à placer la cloche à l'abri de l'humidité et des rayons du soleil.

COURONNE COLORÉE

FOURNITURES

Un cercle en bambou

Du floratape (ruban de fleuriste)

De la cordelette fine

De la colle chaude

MATÉRIEL

Un sécateur

Un pistolet à colle

FLEURS CONSEILLÉES

Avoine

Botao

Eucalyptus

Gypsophile

Hortensia

Immortelles

Lavande

Lona

Ruscus

Statice

1/ Préparez un plan de travail spacieux et propre pour déposer les fleurs séchées.

2/ Avec le sécateur, débarrassez vos fleurs séchées des feuilles pour ne garder que la fleur, taillez les tiges à mi-longueur pour qu'elles soient plus faciles à manipuler.

3/ Créez avec la pince pouce-index de votre main de petits assemblages de végétaux, puis enveloppez leurs tiges d'un morceau de ruban de fleuriste pour les maintenir. Répétez l'opération, en variant les couleurs : jaune, rose, vert, violet ; les formes de fleurs : charnue du botao, élancée de l'avoine ou le côté aéré du gypsophile. Une fois tous vos bottillons prêts, coupez les tiges à la même longueur (3 cm environ).

4/ Fixez le premier petit bottillon sur le cercle de bambou en enroulant le ruban de fleuriste autour des tiges et du cercle. Commencez juste sous la tête des fleurs et continuez à enrouler jusqu'à ce que l'extrémité de la tige soit dépassée de 2 cm.

5/ Insérez un deuxième petit bouquet en le plaçant juste en dessous du premier et fixez-le de la même manière avec le ruban. Répétez le même geste avec tous vos bottillons jusqu'à la moitié du cercle.

6/ Placez le dernier bouquet dans le sens inverse des précédents.

7/ Pour la touche finale, collez une tête d'immortelle à l'aide du pistolet à colle entre le dernier et l'avant-dernier bouquet pour combler le trou et masquer le ruban de fleuriste.

8/ Nouez une cordelette sur le cercle en bambou et accrochez votre couronne colorée au mur ou directement sur un petit clou.

LETTRE XXL

FOURNITURES

La lettre de votre choix en papier mâché ou en kraft rigide

De la peinture (optionnel pour peindre la lettre)

De la colle chaude

MATÉRIEL

Un sécateur

Un pistolet à colle

FLEURS CONSEILLÉES

Avoine

Botao

Eucalyptus

Gypsophile

Hortensia

Immortelles

Lavande

Lona

Ruscus

Statice

1/ Si vous souhaitez donner encore plus de couleur à votre création, vous pouvez peindre le support de la lettre puis laissez sécher pendant 2 heures.

2/ Pendant le séchage, vous aurez le temps de vous concentrer sur votre sélection de fleurs séchées colorées. Il vous faudra un mélange de petites et de grosses fleurs pour un rendu plus esthétique.

3/ Avec le sécateur, coupez les tiges, dont vous n'aurez pas besoin pour cette réalisation, et conservez uniquement les têtes des fleurs.

4/ Réfléchissez à la disposition des fleurs en reproduisant le gabarit de la lettre sur une feuille de papier et en déposant les fleurs dessus. Ainsi, vous saurez exactement où venir coller vos fleurs pour la dernière étape.

5/ Quand la peinture est sèche, faites chauffer votre pistolet à colle et collez les fleurs une à une sur une des faces de la lettre.

ASTUCE : pour un rendu encore plus en relief et fleuri, vous pouvez fleurir les deux côtés de la lettre !

SET PARFUMÉ

FOURNITURES

De la cire végétale
(de soja par exemple)

De la cordelette fine ou un joli ruban

Des huiles essentielles

MATÉRIEL

Un moule en silicone avec un trou prévu pour le ruban

Un sécateur

Un pichet

FLEURS CONSEILLÉES

Avoine

Botao

Eucalyptus

Gypsophile

Hortensia

Immortelles

Lavande

Lona

Ruscus

Statice

1/ Faites fondre 50 g de cire au bain-marie jusqu'à ce qu'elle soit complètement liquide selon les instructions du paquet.

2/ Pendant la fonte de la cire, préparez vos petits brins et pétales de fleurs.

3/ Une fois la cire fondue, versez-la dans un pichet et ajoutez les huiles essentielles (7 à 10 % du poids de la cire fondue). Remuez délicatement le mélange pendant 2 minutes pour ne pas créer de bulles.

4/ Versez la cire dans le moule en silicone et déposez délicatement les petites fleurs de manière harmonieuse.

5/ Laissez sécher le tout 2 heures pour que le mélange durcisse complètement, puis retirez votre création du moule.

6/ Glissez la fine cordelette dans le trou prévu à cet effet et nouez-la au cintre de votre penderie ou déposez vos créations dans vos tiroirs de vêtements.

CONSEIL : veillez à ce que les huiles essentielles soient compatibles avec la cire utilisée.

Nº 96 · novembre - décembre 2021

PEIGNE FANTAISIE

FOURNITURES

Une base de peigne doré

Du fil bouillon doré

Du floratape (ruban de fleuriste)

De la colle chaude

MATÉRIEL

Un sécateur

Un pistolet à colle

FLEURS CONSEILLÉES

Avoine

Botao

Eucalyptus

Gypsophile

Hortensia

Immortelles

Lavande

Lona

Ruscus

Statice

1/ En travaillant avec la pince pouce-index de votre main, créez un petit assemblage de végétaux dans les couleurs de votre choix.

2/ Coupez court les tiges du bottillon et fixez-le à une extrémité de la base du peigne en l'enroulant avec le fil bouillon.

3/ Créez un autre bottillon en variant légèrement l'assemblage de végétaux, puis fixez-le sur le peigne à la suite du premier, de gauche à droite vers le centre.

4/ Créez d'autres petits bottillons et répétez l'opération décrite à l'étape précédente jusqu'au milieu du peigne.

5/ Procédez de la même manière sur l'autre extrémité du peigne, de droite à gauche vers le centre avec de nouveaux bottillons.

6/ Réalisez un dernier bottillon, nouez-le avec du ruban de fleuriste et coupez très court les tiges. Collez-le au centre du peigne.

7/ Pour la touche finale, collez des pétales d'hortensia au dos du peigne à l'aide du pistolet à colle pour masquer les tiges des bottillons.

8/ Votre peigne est prêt à être fixé sur le côté de la tête ou à habiller un chignon bas. En toute occasion, osez une touche colorée dans vos coiffures.

Statice
Lavande
Jasmin
Pampa
Gypsophile
jaune

Compositions naturelles

MIROIR BOHÈME

FOURNITURES

Un miroir avec ou sans cadre

De la colle chaude

MATÉRIEL

Un sécateur

Un pistolet à colle

Un chiffon

FLEURS CONSEILLÉES

Achillée

Broom bloom

Delphinium

Immortelles

Lagure

Lin

Lona

Pampa

1/ Préparez un plan de travail spacieux et propre pour déposer les fleurs séchées.

2/ Tout en gardant à l'esprit un rendu naturel, vous pouvez utiliser un mélange d'immortelles de Corse et d'achillées pour la touche ensoleillée. Pensez au côté effilé de l'herbe de pampa ou encore à la finesse des grelots du lin. Variez la forme et la texture des fleurs.

3/ Une fois votre sélection faite, préparez les végétaux avec le sécateur en nettoyant les tiges de chaque fleur et en ajustant leur hauteur.

4/ Posez le miroir à plat sur le plan de travail. Époussetez-le à l'aide du chiffon, pour le débarrasser d'éventuelles poussières.

5/ Prédisposez les fleurs sans les coller sur les contours du miroir pour visualiser le rendu final.

6/ Une fois que le rendu vous plaît, appliquez un point de colle à l'arrière d'une fleur. Attention, la colle qui sort du pistolet est à très haute température, veillez à ne pas la toucher avec les doigts ou manipulez le pistolet avec des gants de protection si besoin. Posez ensuite la fleur avec la colle sur le miroir à l'endroit souhaité, tout en maintenant une pression suffisante quelques secondes pour que la colle prenne bien. Répétez l'opération en collant toutes vos fleurs sur le miroir.

7/ Il n'y a plus qu'à vous admirer dans ce beau miroir fleuri.

ET TERRI CHANDLER
N° 96 · novembre - décembre 2021

CONFETTIS DÉCORATIFS

FOURNITURES

Un morceau de papier kraft de 20 x 20 cm

De la colle

MATÉRIEL

Un sécateur

Un grand bol

FLEURS CONSEILLÉES

Delphinium

Lavande

Statice

1/ Préparez un plan de travail spacieux et propre pour déposer les fleurs séchées.

2/ Avec le sécateur, nettoyez vos végétaux en vous débarrassant du cœur des fleurs, de la tige et des feuilles pour ne conserver que les pétales.

3/ Réduisez les fleurs en petits morceaux. Lorsque les pétales sont assez grands, frottez-les entre vos mains pour avoir de plus petits morceaux.

4/ Mélangez l'ensemble des pétales et fleurs dans un grand bol pour bien répartir les couleurs et les formes.

5/ Pour que ceux-ci soient transportables en toutes occasions, enroulez sur lui-même le morceau de papier kraft pour former un cône. Collez le cône pour que tout soit bien maintenu.

6/ Remplissez votre cône de confettis, et libre à vous à présent de semer la joie autour de vous.

CONSEIL : les confettis de fleurs séchées se prêtent parfaitement aux décorations de table. Glissés dans des tubes à essai pour être offerts à vos invités ou dans un cornet posé sur un présentoir, ils seront du plus bel effet.

PAPIER CADEAU

FOURNITURES

Un morceau de raphia armé

De la colle chaude

MATÉRIEL

Un sécateur

Un pistolet à colle

FLEURS CONSEILLÉES

Avoine

Eucalyptus

Glixia

Statice

Lin

1/ Préparez un plan de travail spacieux et propre pour déposer les fleurs séchées. Sélectionnez de petites fleurs comme le lin naturel, le glixia ou le statice.

2/ Avec le sécateur, préparez les fleurs en nettoyant les tiges avec délicatesse et taillez-les assez court pour travailler avec de petits végétaux.

3/ En travaillant avec la pince pouce-index de votre main, regroupez les fleurs une à une pour former un assemblage miniature.

4/ Une fois que la forme vous convient, nouez les tiges entre elles avec le raphia armé à l'endroit maintenu par les doigts et taillez l'ensemble des tiges à la longueur souhaitée.

5/ Mettez un point de colle à l'arrière de votre petit bottillon. Posez-le ensuite sur votre emballage tout en maintenant une pression suffisante de quelques secondes pour que la colle prenne bien.

6/ Vous avez à présent toutes les cartes en main pour personnaliser vos papiers cadeaux avec des fleurs séchées et donner une petite touche naturelle à vos paquets.

CHEMIN DE TABLE

FOURNITURES

Une corde de la longueur de votre table

Plusieurs morceaux de raphia armé

MATÉRIEL

Un sécateur

FLEURS CONSEILLÉES

Avoine

Blé

Fine grass

Gypsophile

Hortensia

Lagure

Lin

Pavot

Phalaris

1/ Préparez un plan de travail spacieux et propre pour composer votre chemin de table.

2/ Avec le sécateur, préparez les végétaux en nettoyant les tiges de chaque fleur avec délicatesse et en ajustant leur hauteur.

3/ Dans le creux de la main, déposez une première tige. Ajoutez les fleurs une à une en ouvrant et en refermant la main pour que le bouquet soit bien maintenu tout au long de sa confection. Variez vos choix de fleurs, avec des éléments charnus, ou plus aériens.

4/ Une fois que l'assemblage vous plaît, attachez-le au niveau du maintien au creux de votre main avec du raphia armé et mettez-le de côté.

5/ Amusez-vous à répéter cette étape en alternant les variétés de fleurs séchées et leur placement pour créer plusieurs combinaisons de petits bouquets. Déterminez le nombre de bouquets à réaliser en fonction de la longueur de la table.

6/ Une fois les bouquets réalisés, posez la corde sur toute l'étendue du plan de travail. Répartissez les bouquets le long de la corde en alternant les combinaisons de mini-bouquets, pour visualiser le rendu final. Fixez-les ensuite sur la corde à l'aide de petits morceaux de raphia.

PALETTS ODORANTS

FOURNITURES

De la cire végétale (de soja)

Des huiles essentielles

MATÉRIEL

Des petits moules en silicone

Une balance

Un sécateur

FLEURS CONSEILLÉES

Avoine

Grains de lavande

Jasmin

1/ Préparez un plan de travail spacieux et propre pour déposer les fleurs séchées, à l'abri de la poussière.

2/ Effanez vos fleurs séchées et ne récupérez que de petits morceaux à l'aide du sécateur. Gardez les grains d'avoine, élancés et légers ou encore la lavande relativement friable, qui pourront être parsemés en petites touches sur les fondants. Variez la sélection de fleurs pour créer différentes combinaisons de couleurs. Une fois vos fleurs préparées, réservez-les sur un côté de votre plan de travail.

3/ Faites fondre la cire végétale de soja au bain-marie selon les instructions du paquet.

4/ Une fois la cire fondue, ajoutez les huiles essentielles (7 à 10 % du poids de la cire fondue).

5/ Remuez délicatement le mélange pendant 2 minutes pour ne pas créer de bulles.

6/ Versez votre cire parfumée dans les petits moules jusqu'au bord et parsemez les fondants avec les fleurs préparées précédemment. Alternez les couleurs et les fleurs pour créer un assortiment de divers palets odorants.

CONSEIL : laissez sécher plusieurs heures, à l'abri de la poussière et dans un endroit sans secousses pour éviter que les palets ne se fissurent. Puis, démoulez-les délicatement et déposez un fondant sur le brûleur pour en apprécier les senteurs.

Eucalyptus
Tête d'immortelle
Broom bloom
Glixia
Hortensia blanc

Compositions chic

GLOBE ROMANTIQUE

FOURNITURES

Une cloche en verre
et son support en bois

Un bloc de mousse florale

De la colle chaude

Des perles (facultatif)

MATÉRIEL

Un sécateur

Un pistolet à colle

FLEURS CONSEILLÉES

Broom bloom

Mini grass

Fougère

Hortensia

Immortelles

Ruscus

1/ Préparez un plan de travail spacieux et propre pour déposer les fleurs séchées.

2/ Avec le sécateur, préparez les végétaux en nettoyant les tiges de chaque fleur avec délicatesse pour se débarrasser des feuilles et taillez-les pour ajuster leur hauteur.

3/ Collez le bloc de mousse à l'aide de colle chaude au centre du socle en bois. Maintenez la pression quelques secondes pour qu'il soit bien fixé.

4/ Disposez les fleurs et feuillages un à un selon vos envies en les piquant dans la mousse. Un peu de fougères, un peu d'eucalyptus ou une fleur charnue centrale.

5/ Recouvrez la base du bloc de mousse à l'aide de colle chaude en prenant toute la base des tiges pour bien maintenir le tout.

6/ Camouflez le bloc de mousse avec de grosses fleurs comme de l'hortensia que vous viendrez coller par-dessus.

7/ Votre cloche aux notes élégantes est prête, il ne vous reste plus qu'à la recouvrir avec la cloche en verre et à la placer au centre d'une table par exemple.

Refuge slow sur la Côte d'Émeraude · Décoration chinée dans la campagne bordelaise
Spécial fêtes, bonheur sous le sapin, tables minimalistes et cadeaux artisanaux
Déconnexion, nouveaux séjours en pleine nature
MAQUIS

PEIGNE DE DIVA

FOURNITURES

Du fil de fer 0,05 mm ou du fil bouillon

Un support de peigne

De la colle chaude

MATÉRIEL

Un sécateur

Un pistolet à colle

FLEURS CONSEILLÉES

Broom bloom

Mini grass

Fougère

Hortensia

Immortelles

Rose

Ruscus

1/ Préparez un plan de travail spacieux et propre pour déposer les fleurs séchées.

2/ Avec le sécateur, préparez les végétaux en nettoyant les tiges de chaque fleur et en ajustant leur hauteur. Il n'est pas nécessaire de garder de longues tiges, 3-4 cm suffiront à venir fixer les fleurs sur le peigne.

3/ Assemblez quelques fleurs ensemble et disposez-les sur une extrémité du peigne, les tiges vers l'intérieur. Pour les fixer, utilisez le fil de fer en l'enroulant à chaque dent du peigne. Continuez ainsi en avançant avec les fleurs et le fil sur toute la longueur du peigne.

4/ Avant d'arriver au bout du peigne, lorsqu'il vous reste 1,5 cm environ, placez des fleurs dans le sens inverse, puis fixez-les avec le fil de fer.

5/ Pour la touche finale, collez des petites fleurs sur les tiges apparentes. Votre peigne est prêt pour être glissé dans vos cheveux !

BOUTONNIÈRE SUBTILE

FOURNITURES

Du raphia armé

Du floratape (ruban de fleuriste)

MATÉRIEL

Un sécateur

Un support T de boutonnière

FLEURS CONSEILLÉES

Broom bloom

Mini grass

Fougère

Hortensia

Immortelles

Ruscus

1/ Préparez un plan de travail spacieux et propre pour déposer les fleurs séchées.

2/ Avec le sécateur, préparez les végétaux en nettoyant les tiges de chaque fleur et en ajustant leur hauteur. Il n'est pas nécessaire de garder de longues tiges, 5-6 cm suffiront et le rendu sera plus élégant si les tiges ne sont pas trop longues.

3/ Assemblez les fleurs comme si vous souhaitiez faire un tout petit bouquet. Chez Flowrette, nous aimons jouer sur la hauteur des végétaux. Placez les végétaux les plus hauts à l'arrière pour que la boutonnière ait un rendu fin et élégant.

4/ Une fois que l'ensemble vous plaît et que toutes les fleurs sont placées au bon endroit, coupez les tiges en laissant 4 cm, puis enroulez les tiges à l'aide du ruban de fleuriste.

5/ Disposez le T de boutonnière à l'arrière du petit bouquet et enroulez à la fois le T et les tiges à l'aide du raphia armé de bas en haut pour couvrir l'intégralité des tiges.

6/ Votre boutonnière est terminée et peut être portée sur un costume.

PENDENTIF EN RÉSINE

FOURNITURES

Résine UV LED

Chaîne dorée

Pendentif de 2 cm environ

MATÉRIEL

Tapis en silicone

Anneau de montage

Cure-dent

Dremel

FLEURS CONSEILLÉES

Fleurs séchées pressées :

Glixia

Hortensia

Immortelles

1/ Préparez un plan de travail spacieux et propre pour déposer les fleurs séchées. Pour ce DIY, il est très important de travailler sur un espace de travail bien propre.

2/ Sur le tapis en silicone, déposez votre pendentif à plat. Prenez votre flacon de résine et pressez doucement pour verser quelques gouttes au centre du pendentif. Répartissez la résine jusqu'au bord à l'aide d'un cure-dent.

3/ Déposez avec délicatesse vos fleurs pressées, puis recouvrez-les de résine. Il ne faut pas perdre de temps pour cette étape car la résine se fige rapidement à la lumière. Si des petites bulles d'air apparaissent, vous pouvez les percer à l'aide du cure-dent. Laissez sécher vingt-quatre heures.

4/ Une fois que le pendentif est sec, percez un petit trou à l'aide de la Dremel, puis insérez l'anneau de montage et passez la chaîne à l'intérieur.

5/ Votre pendentif est terminé, vous n'avez plus qu'à le passer autour du cou !

CONSEIL : découpez de petits morceaux dans les immortelles, les glixia ou l'hortensia. Plus les morceaux de fleurs seront petits, plus le résultat final sera délicat et raffiné.

Hortensia bleu clair
Chardon *Eryngium*
Lona
Hortensia blanc

Compositions estivales

CLOCHE PROVENÇALE

FOURNITURES

Une cloche en verre
et son support en bois

Un bloc de mousse florale

De la colle chaude

MATÉRIEL

Un sécateur

Un pistolet à colle

FLEURS CONSEILLÉES

Avoine

Chardon

Mini grass

Glixia

Hortensia

Immortelles

Lagure

Lavande

Lona

1/ Préparez un plan de travail spacieux et propre pour déposer les fleurs séchées.

2/ Avec le sécateur, préparez les végétaux en nettoyant les tiges avec délicatesse pour les débarrasser des feuilles et en ajustant leur longueur.

3/ Collez le bloc de mousse à l'aide de la colle chaude au centre du socle en bois. Maintenez quelques secondes pour qu'il soit bien fixé.

4/ Disposez les fleurs et le feuillage alternativement selon vos envies en piquant les tiges dans la mousse.

5/ Une fois que vous avez terminé de travailler la cloche dans la hauteur, recouvrez la base du bloc de mousse à l'aide de la colle chaude en prenant toute la base des tiges pour bien maintenir le tout.

6/ Camouflez le bloc de mousse avec de grosses fleurs comme de l'hortensia que vous viendrez coller dessus.

7/ Votre cloche fleurie est prête, il ne vous reste plus qu'à la recouvrir avec la cloche en verre et à la placer dans la niche d'une bibliothèque ou sur le rebord d'un buffet. Pour la conserver de longues années, veillez à placer la cloche à l'abri de l'humidité et des rayons du soleil.

CARTE POSTALE FLEURIE

FOURNITURES

Une carte postale

Un morceau de raphia armé

MATÉRIEL

Un sécateur

Un cutter

FLEURS CONSEILLÉES

Avoine

Chardon

Mini grass

Glixia

Hortensia

Immortelles

Lagure

Lavande

Lona

1/ Préparez un plan de travail spacieux et propre pour déposer les fleurs séchées. Privilégiez de petites fleurs comme le lagure, la lavande ou le lona.

2/ Avec le sécateur, préparez les fleurs en nettoyant les tiges avec délicatesse et taillez-les assez court pour utiliser de petits végétaux.

3/ En travaillant avec la pince pouce-index de votre main, regroupez les fleurs une à une pour former un assemblage miniature.

4/ Une fois que la forme vous convient, nouez les tiges entre elles avec le raphia armé à l'endroit maintenu par les doigts et taillez l'ensemble des tiges à la longueur souhaitée.

5/ Manipulez le cutter avec précaution et faites une petite entaille horizontale dans la carte postale, d'environ la largeur de l'ensemble de vos tiges. Faites une seconde entaille un peu plus bas de la même taille qui servira à faire ressortir les tiges.

6/ Passez l'ensemble des tiges du bottillon miniature dans la première entaille d'avant en arrière de la carte postale, puis dans la seconde entaille d'arrière en avant de la carte.

7/ C'est prêt, vous avez à présent toutes les cartes en main pour personnaliser vos écrits de vacances avec des fleurs séchées.

CHAPEAU CHAMPÊTRE

FOURNITURES

Un chapeau de paille

De la colle chaude

MATÉRIEL

Un sécateur

Un pistolet à colle

FLEURS CONSEILLÉES

Avoine

Chardon

Mini grass

Glixia

Hortensia

Immortelles

Lagure

Lavande

Lona

1/ Préparez un plan de travail spacieux et propre pour déposer les fleurs séchées.

2/ Choisissez les fleurs séchées en fonction du style que vous aimez, des végétaux élancés comme l'avoine pour un esprit bohème, des végétaux naturels avec le chardon pour un air de campagne ou plus élégants avec les immortelles. Variez les choix de végétaux et mixez-les selon vos envies.

3/ Avec le sécateur, préparez les fleurs en effeuillant leurs tiges et taillez-les grossièrement en longueur pour les manipuler plus facilement.

4/ Placez le chapeau de paille face à vous. Déposez un point de colle sur l'arrière de la première fleur, puis collez-la à l'endroit souhaité à la base du chapeau. Maintenez la pression quelques secondes pour que la colle prenne bien.

5/ Répétez l'opération avec toutes vos fleurs en variant leur orientation, les formes et leur grosseur sur l'ensemble du chapeau ou sur une partie seulement selon vos envies.

6/ Vous n'avez plus qu'à porter fièrement votre chapeau fleuri pendant vos vacances.

BOUGIE PARFUMÉE

FOURNITURES

De la cire végétale (de soja)

Des huiles essentielles

Une mèche en bois aux dimensions du contenant

Un contenant creux

MATÉRIEL

Une balance

Un sécateur

FLEURS CONSEILLÉES

Avoine

Chardon

Mini grass

Glixia

Hortensia

Immortelles

Lagure

Lavande

Lona

1/ Préparez un plan de travail spacieux et propre pour déposer les fleurs séchées, à l'abri de la poussière. Effanez vos fleurs et coupez de petits morceaux de fleurs séchées à l'aide du sécateur.

2/ Récupérez les grains d'avoine, les fleurs des lonas ou des immortelles de Corse. Une fois vos fleurs préparées, réservez-les sur un côté de votre plan de travail.

3/ Positionnez le contenant face à vous et collez la mèche en bois à l'aide d'un point de colle. Disposez la mèche bien au centre pour que la bougie fonde dans sa totalité une fois allumée.

4/ Faites fondre la cire végétale de soja au bain-marie selon les instructions du paquet. Une fois la cire fondue, ajoutez les huiles essentielles (7 à 10 % du poids de la cire fondue).

5/ Remuez délicatement le mélange pendant 2 minutes pour ne pas créer de bulles puis versez votre cire parfumée dans le contenant jusqu'au bord. Laissez-la refroidir légèrement avant la touche finale.

6/ Parsemez les fleurs préparées précédemment sur la surface de la bougie au plus éloigné de la mèche. Alternez les couleurs et les fleurs pour créer un joli assortiment.

7/ Laissez sécher plusieurs heures, à l'abri de la poussière et dans un endroit sans secousses pour éviter que la bougie ne se fissure. Allumez ensuite votre bougie et appréciez la diffusion de sa senteur.

HERBIER SOUVENIR

FOURNITURES

Un cadre

Une feuille cartonnée

De la colle chaude

MATÉRIEL

Un sécateur

Un pistolet à colle

FLEURS CONSEILLÉES

Une sélection de fleurs fraichement coupées :

Avoine

Chardons

Mini grass

Glixia

Hortensia

Immortelles

Lagure

Lavande

Lona

Monnaie du pape

Rose

1/ Préparez un plan de travail spacieux et propre pour déposer les fleurs.

2/ Aussitôt après la récolte de vos fleurs, préparez les végétaux avec le sécateur en retirant les feuilles abîmées ou peu esthétiques et en taillant les tiges à différentes longueurs pour diversifier les hauteurs.

3/ Étalez-les ensuite, à plat, entre des feuilles de papier journal sous une presse ou de gros livres pendant environ 3 semaines. N'hésitez pas à changer régulièrement les journaux, pour éviter les moisissures.

4/ Posez la feuille cartonnée à plat devant vous et déposez-y délicatement les fleurs pressées. Répartissez les végétaux sur l'ensemble de la feuille cartonnée, fleurons d'hortensia, tiges de monnaie-du-pape ou pétales de rose.

5/ Quand la disposition vous plaît, ajoutez un point de colle à l'arrière des végétaux, et collez-les à l'endroit désiré.

6/ Une fois que tout est collé, époussetez le verre du cadre et posez délicatement l'herbier dans le cadre.

7/ Accroché au mur ou posé sur votre bureau, ce sera un très beau souvenir de vacances à contempler en rentrant chez soi.

6 conseils pour entretenir les fleurs séchées

Les fleurs séchées sont vraiment très faciles à entretenir, mais en tant que produit naturel, elles sont fragiles et changent avec le temps. Ces quelques conseils vous aideront à les garder belles pendant des années.

1/ Évitez la lumière directe.

L'idéal est de ne pas laisser les fleurs sur les rebords de fenêtre, car la lumière directe du soleil les fragilise et leur couleur s'estompe. Il faut également les éloigner des poêles, des cheminées ou des appareils de chauffage.

2/ Préférez un endroit calme.

Bouquets ou créations en fleurs séchées seront plus durables en étant placés dans un endroit avec peu de mouvement, où ils ne seront pas amenés à être souvent déplacés.

3/ Ne les mouillez pas.

L'eau et l'humidité ne font pas bon ménage avec les fleurs séchées. Elles les rendent brunes, molles ou même moisies, ce qui est la dernière chose que vous leur souhaitez ! Évitez donc de les conserver dans les pièces humides.

4/ Choisissez une pièce aérée.

Veillez à une bonne circulation de l'air autour de vos fleurs et évitez les fluctuations de température. Elles n'ont pas besoin d'un courant d'air provenant directement d'une fenêtre ouverte, mais craignent l'humidité.

5/ Époussetez-les délicatement.

En utilisant un objet très doux, comme un plumeau, un pinceau ou un sèche-cheveux (à froid) pour ne pas les abîmer, époussetez régulièrement vos fleurs pour qu'elles restent belles.

6/ Changez de vase.

Les vases peuvent parfois retenir l'humidité. Vérifiez de temps en temps que les tiges dans le vase sont bien sèches. Si elles semblent un peu humides, pensez à les mettre dans un autre vase.

10 astuces pour composer de beaux bouquets

Avec quelques bases d'arrangement floral, la composition de bouquets de fleurs séchées, à disposer dans un vase ou à l'intérieur d'une composition, devient un jeu d'enfant. Ce petit mémo de l'art floral est le fil rouge des fleuristes en herbes.

1/ Choisissez un modèle.

Une façon d'orienter votre composition est de décider d'un schéma de couleurs avant d'acheter les fleurs séchées. Deux options s'offrent à vous : varier les couleurs en restant dans les mêmes nuances de tons ou opter pour un ensemble multicolore. Attention toutefois, pour que le tout reste harmonieux, à ne pas dépasser trois ou quatre teintes différentes.

2/ Étoffez votre composition.

La meilleure façon d'arranger des fleurs séchées est de créer une base avec de la verdure. L'eucalyptus, le lierre et les frondes de fougères sont de bons choix de verdure. Utilisez les tiges de la verdure pour créer une forme triangulaire inversée. Ainsi, votre composition aura une présence à la fois horizontale et verticale.

3/ Variez les fleurs.

Sélectionnez des fleurs de formes et de tailles différentes et voyez comment les associer. À l'instar des couleurs, évitez de mêler plus de quatre variétés de fleurs différentes, en dehors des feuillages. En vous limitant à trois types de fleurs et à trois couleurs de la même famille : le blanc, le vert et la couleur crème, ou encore le violet, la lavande et le mauve par exemple, vous ne risquez aucun faux pas.

4/ Captez le regard.

Les fleurs principales sont généralement les plus grandes ou celles qui ont une couleur ou une texture inhabituelle. Veillez à en ajouter en nombre impair pour obtenir un aspect plus naturel, c'est-à-dire non symétrique. Placez les fleurs principales au centre du bouquet pour qu'elles aient l'air fortes et vives. Il ne faut pas qu'elles dépassent sur les côtés : elles auront l'air lourdes et tombantes.

5/ Comblez les vides.

Ajoutez des fleurs séchées plus petites et des éléments de texture dans la composition pour remplir les espaces vacants autour des fleurs principales. Le broom bloom ou le statice sont idéaux pour donner du volume.

6/ Maîtrisez la pince pouce-index.

Tenez la première tige entre le pouce et l'index. Insérez la deuxième tige en l'inclinant par rapport à la première. Tournez le bouquet d'un quart de tour puis insérez la troisième fleur. Continuez de la même manière en alternant les variétés choisies. Prenez régulièrement du recul par rapport au bouquet pour garantir l'équilibre de sa composition.

7/ Jouez avec les hauteurs.

Formez différentes hauteurs pour donner de l'amplitude à votre bouquet et terminez la composition avec des fleurs flottantes ou délicates comme la gypsophile ou le sedum. Placez-les en dernier afin qu'elles ne soient pas écrasées ou enterrées par des fleurs plus lourdes.

8/ Laissez la nature vous guider.

Ne placez pas toutes les fleurs de soutien vers le haut ou sur les côtés. Considérez la forme de la composition comme un dôme. Vous devez remplir tous les angles de ce dôme. Combinez des fleurs plus petites par groupes de trois ou cinq pour créer des grappes, comme dans la nature.

9/ Donnez du volume.

Composez votre bouquet en formant une légère vrille. Pour cela, positionnez les tiges les unes après les autres de gauche à droite en tournant et en commençant par les fleurs qui ont le plus de volume. Croisez les tiges en oblique pour faire grandir peu à peu votre bouquet.

10/ Déposez la touche finale.

Placez un morceau de raphia entre l'index et le majeur et faites plusieurs tours autour du bouquet. Faites un nœud serré pour que le bouquet soit maintenu. Vous pouvez, si vous le souhaitez, masquer le raphia en nouant autour un ou deux rubans de couleur. Coupez ensuite les tiges selon l'usage du bouquet que vous avez envisagé.

Le glossaire du fleuriste débutant

Base : support pour la réalisation d'un ouvrage floral.

Botte ou brassée : assemblage de fleurs de même nature liées ensemble.

Bottillon : petite botte de végétaux.

Bouquet : assemblage de fleurs et de végétaux réunis et liés en un seul point et arrangés avec goût.

Brin : petite tige florale.

Composition : ouvrage nécessitant un savoir-faire technique et artistique.

Effaner : ôter les fanes, les pétales ou feuilles abîmés.

Effeuiller : ôter les feuilles ou les pétales d'une fleur.

Équeuter : ôter la tige d'une fleur.

Feuillage : branche d'arbre ou d'arbuste couverte de feuilles permettant d'étoffer un bouquet.

Fleuron : élément floral des fleurs appartenant à la famille des composées.

Floratape : bande étroite de papier paraffiné servant à la réalisation des montages de fleurs.

Guirlande : ensemble ornemental de fleurs, de feuillages, formant une chaîne flexible.

Lien : point d'attache d'un bouquet ou d'un assemblage.

Nettoyer les tiges : ôter les feuilles des tiges à fleurs.

Pince pouce-index : première étape de réalisation d'un bouquet qui consiste à saisir la première tige entre le pouce et l'index.

Piquer : enfoncer les tiges des végétaux taillées en biseau ou en pointe dans un support de mousse synthétique.

Préparer les végétaux : ôter les feuilles des tiges à fleurs et les feuilles basses des feuillages.

Tailler : égaliser la hauteur des tiges d'un assemblage ou couper les tiges en biseau ou en pointe.

Vrille : disposition des tiges d'un bouquet, toutes tournées dans le même sens.

Carnet d'adresses

BUTTINETTE

E-shop : www.loisir-creatif-fr.buttinette.com

Vous trouverez sur ce catalogue en ligne une large gamme de petit matériel pour vous équiper avant de vous lancer dans la confection de compositions de fleurs séchées.

CREAVEA

E-shop : www.creavea.com

Cette boutique en ligne présente un rayon entièrement consacré aux fleurs séchées mais aussi à tous les accessoires nécessaires à la fabrication de bijoux.

I MAKE

E-shop : www.i-make.com

Cette marketplace est spécialisée dans les fournitures pour tout faire soi-même et en particulier les créations en fleurs séchées.

PERLES & CO

E-shop : www.perlesandco.com

Le support de boutonnière et le peigne utilisés pour les projets de ce livre proviennent de cette boutique spécialisée en loisirs créatifs. C'est aussi une vraie source d'inspiration et d'aide à la création.

SOSTRENEGRENE

E-shop : www.sostrenegrene.com

Boutiques dans toute la France

Cloches à suspendre, cercles en métal, miroirs, cadres en bois... Ces boutiques regorgent de fournitures variées et sont propices à donner des idées DIY.

FLOWRETTE

E-shop : www.flowrette.com

Boutique à Paris, 17e arrondissement

La plupart des fleurs suggérées pour réaliser les projets de ce livre sont disponibles en bottes dans la boutique Flowrette ou en ligne.

Remerciements

Je souhaite adresser un immense MERCI à toutes les personnes qui ont contribué de près ou de loin à ce livre.

Mes remerciements s'adressent tout d'abord à l'équipe Marabout qui m'a fait confiance pour mener à bien ce projet : Pascale, Alizée et Emmanuelle. Je les remercie aussi pour leur aide et leur accompagnement pendant ces mois de travail. Je me souviens de mes premiers échanges avec Emmanuelle qui m'a soutenue dès le début alors qu'écrire n'était pas forcément une évidence pour moi !

Un grand merci à Alexandra, ma photographe de toujours, qui a su faire ressortir le meilleur de ces tutoriels en images avec sa touche poétique. Sans elle, ce livre ne serait certainement pas aussi beau !

Merci aussi à Pauline, qui travaille chez Flowrette, et m'a beaucoup aidée dans la rédaction des tutoriels ainsi que dans le choix des fleurs pour les créations.

Enfin, merci aux adeptes de Flowrette qui nous motivent chaque jour à travers leurs encouragements et leurs compliments. Ces adeptes à qui on aime montrer que la fleur séchée a plus d'un tour dans son sac !

Édité par Hachette Livre
(58, rue Jean-Bleuzen – 92178 Vanves Cedex)

Création et mise en pages : Sophie Villette et Frédéric Voisin
Préparation des textes : Émilie Collet
Relecture : Vediteam

Dépôt légal : mars 2022
978-2-501-16644-7
11-2071-7